ニケア・コンスタンチノープル信条と使徒信条の伴奏譜を用いるにあたって

　2017 年 8 月に「ニケア・コンスタンチノープル信条」および「使徒信条」の一般用の楽譜（旋律）がカトリック中央協議会より出版され、伴奏譜は同協議会のホームページ上で発表されました。今回、それらの伴奏譜に加筆・修正を施し、「信条」の伴奏譜として出版する運びになりました。

　どの伴奏譜も、小教区や修道院などで一般に用いられているオルガンあるいは他の電子鍵盤楽器などで演奏することができますが、楽譜を正確に読み取るとともに、伴奏者自身がまず「信条」の本文を味わい、その構造や強調点、区切りなどを理解した上で、歌詞と旋律および伴奏との関わり合いを確かめることが大切です。

　また、伴奏者は、会衆の歌唱を支え、先導するだけでなく、旋律には表出しない伴奏部のもつ和音の深い響きと力強さを会衆とともに味わうことによって、典礼に参加するすべての人をいっそう豊かな賛美と祈りへと導き、招く役割を担っています。「信条」のことばは、旋律と伴奏を得た歌唱によって、さらに明確に具現化されるからです。

　教会が大切に受け継いできた信仰を宣言する新しい歌声が、典礼の中でますます高らかに響きわたるよう願ってやみません。

　2017 年 12 月

日本カトリック典礼委員会

ニケア・コンスタンチノープル信条（1）

詞・曲　CBCJ

天 に の ぼ ー り、 ち ち の 右 の 座 に 着 い て お ら れ ま す。

主 は、せ い 者 と 死 者 を さ ば く た め に え い 光 の う ち に ふ た た び 来 ら れ ま す。

そ の 国 は 終 わ る こ と が あ り ま せ ん。 わ た し は 信 じ ま す。

主 で あ り、 い の ち の 与 え 主 で あ る 聖 れ い を。

せ い 霊 は、ち ち と 子 か ら 出 て、 ち ち と 子 と と も に れ い は い さ れ、

えい光を受け、また預言者をとおしてかたられました。

わたしは、せいなる、普遍の、使徒的、ゆいいつの教会を信じます。

つみのゆるしをもたらすゆいいつのせん礼を認め、死者の復活と

来世のいのちを待ちのぞみます。アーーメン。

ニケア・コンスタンチノープル信条（2）

詞・曲 CBCJ

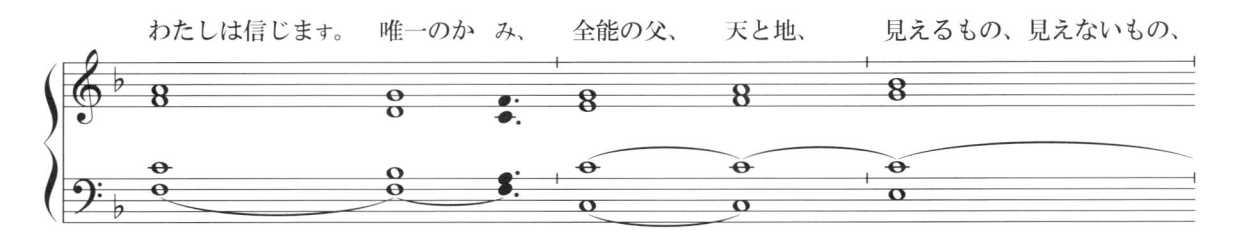

わたしは信じます。 唯一のか み、 全能の父、 天と地、 見えるもの、見えないもの、

すべてのものの 造り主 を。 わたしは信じます。 唯一の主イエス・キリスト を。

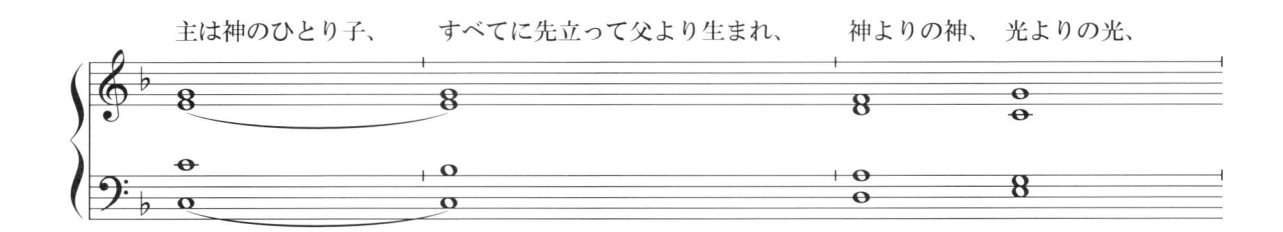

主は神のひとり子、 すべてに先立って父より生まれ、 神よりの神、 光よりの光、

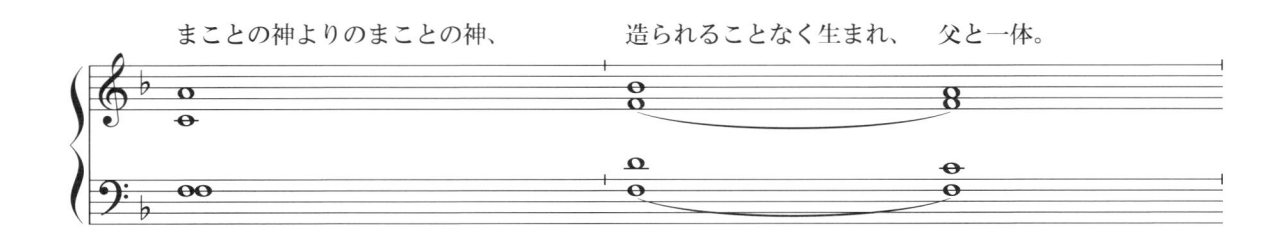

まことの神よりのまことの神、 造られることなく生まれ、 父と一体。

すべては主によって造られ ました。 主は、わたしたち人類のため、 わたしたちの救いのために

天からくだり、　聖霊によって、おとめマリアより　からだを受け、　人となられました。

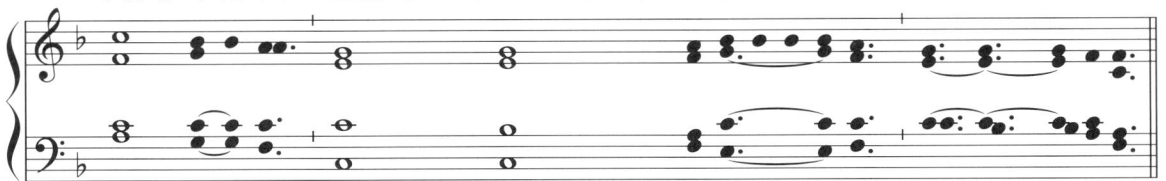

ポンティオ・ピラトのもとで、　わたしたちのために　十字架につけられ、　苦しみを受け、

葬られ、　聖書にあるとおり　三日目に　復活し、　天に昇り、父の右の座に　着いて　おられ　ます。

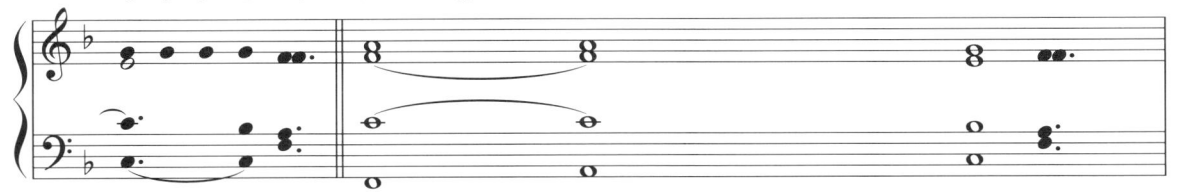

主は、生者と死者を裁くために　栄光のうちに再び来られます。　その国は終わることが

ありません。　わたしは信じます。　主であり、いのちの与え主である　聖霊　を。

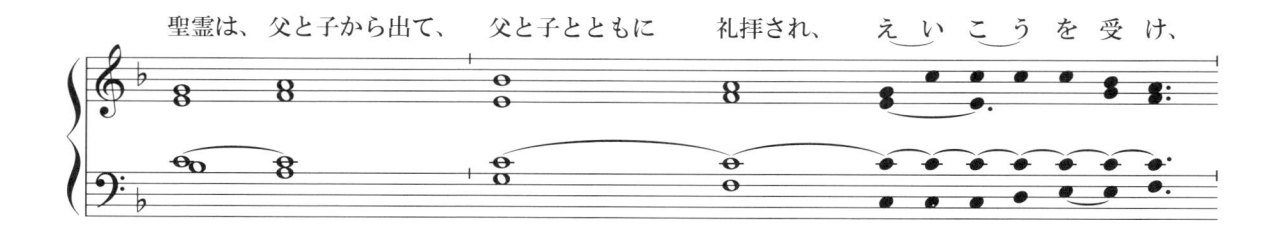

使徒信条（1）

詞・曲　CBCJ

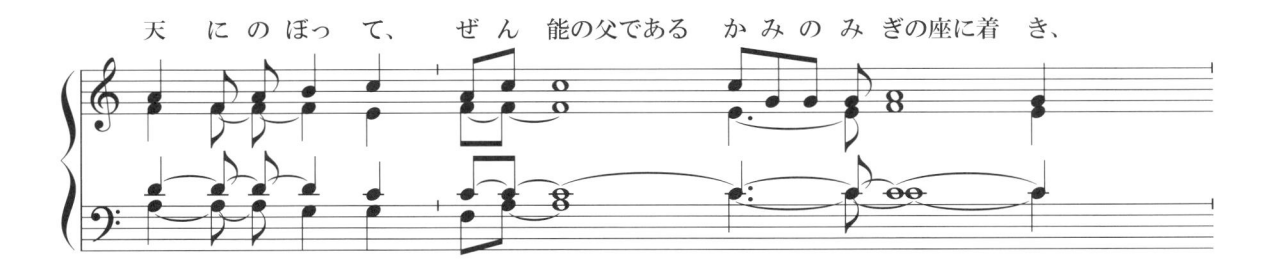

使徒信条（2）

詞・曲 CBCJ

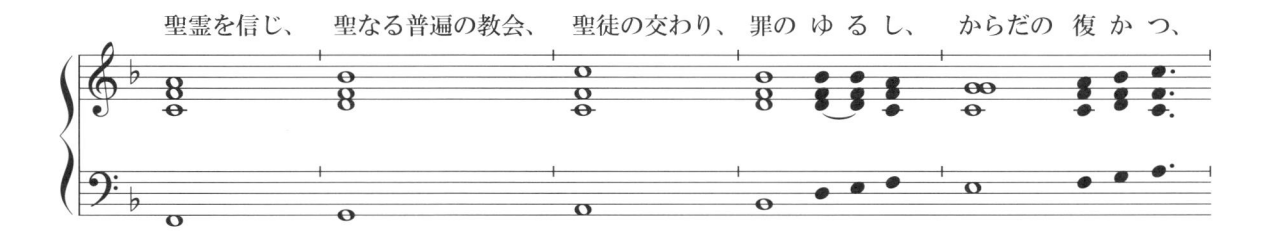

使徒信条（3）

詞 CBCJ
曲 TS/補作 SK

「ニケア・コンスタンチノープル信条」「使徒信条」の旋律
（伴奏用）

2017 年 12 月 18 日　発行　　　　　　　日本カトリック司教協議会認可

編　　者　日本カトリック典礼委員会
発　　行　カトリック中央協議会
〒135-8585 東京都江東区潮見 2-10-10 日本カトリック会館内
☎03-5632-4411（代表）

印　刷　株式会社精興社